HISTORIQUE DE LA GUERRE

Prix :
0 fr. 25

Fascicule n° 3

PAR

Ferdinand BAUDOUIN

*Ancien Officier de Réserve
de paix à Ruffec, Maire de Couture-d'Argenson (2-Sèvres)
Officier de l'Instruction Publique*

HISTORIQUE
DE
LA GUERRE

PAR

Ferdinand BAUDOUIN

Ancien Officier de réserve,
Juge de Paix à Ruffec, Maire de Couture-d'Argenson,
Officier de l'Instruction Publique.

TROISIÈME PARTIE

Le Japon déclare la guerre à l'Allemagne.
Nouvelle grande bataille entre Maubeuge et le Donon.
Investissement de Koenigsberg par les Russes.
Capitulation de Longwy.
Bataille navale anglo-allemande dans la mer du Nord.
Destruction de Louvain par les Allemands.
L'Autriche déclare la guerre à la Belgique.
Bataille de Guise.
Combats violents autour de Compiègne.
Victoire russe de Lemberg.
Le siège du Gouvernement est transféré à Bordeaux.
Le cardinal Della Chiesa nommé pape sous le nom de Benoît XV.
Echec allemand aux combats de Montmirail et de La Fère-Champenoise.

NIORT
IMPRIMERIE TH. MARTIN
24, rue Saint-Symphorien
—
1914

HISTORIQUE DE LA GUERRE

24 AOUT

Le Japon déclare la guerre à l'Allemagne

Nouvelles diverses publiées par les journaux

La grande bataille se continue en Belgique où sont massées des forces considérables allemandes. Ces forces sont concentrées dans le triangle Namur-Bruxelles-Mons, elles s'avancent vers la frontière française sur une ligne Alost, Hal, Ninove, Braines-le-Comte et Mons. Les Français ont pris hier l'offensive vers Charleroi. Cette ville a été prise, abandonnée, puis reprise. La lutte est d'une extrême violence et durera sans doute plusieurs jours encore, avec, sur divers points, des alternatives de succès et de revers. Les Allemands font des efforts énormes pour culbuter nos lignes. Les Français et les Anglais combattent avec acharnement. Les Belges, renforcés de troupes anglaises, attendent sous Anvers le moment d'entrer en ligne.

Sur la frontière de Lorraine, nos troupes ont abandonné le massif du Donon et se sont retirées en arrière sur toute la ligne pour occuper de plus fortes positions. Lunéville est occupé par les troupes allemandes.

Les nouvelles de Russie sont bonnes. Par télégramme d'hier, il a été confirmé que les troupes russes ont remporté en Prusse orientale de gros succès, elles ont culbuté trois corps d'armée allemands, se sont emparées de nombreux canons, ont fait une quantité de prisonniers et ont occupé les villes de Gumbinen, Goldau, Lyck et Insterburg, à 50 kilomètres de la frontière.

La France et l'Angleterre ont décidé de faire à la Belgique, et par moitié, une avance de 500 millions de francs.

La population hollandaise commence à souffrir du manque de farine, la Hollande ne récoltant du blé qu'en petite quantité et ne pouvant, en ce moment, en recevoir de Russie et d'Amérique.

Il paraîtrait que Berlin manque momentanément de vivres.

Les Serbes et les Monténégrins continuent leur mouvement de pénétration en Bosnie-Herzégovine.

La flotte française continue à bombarder Cattaro, agissant de concert avec les Monténégrins.

L'Angleterre, d'accord avec l'Italie, a l'intention d'occuper Trieste, en Autriche.

Un zeppelin qui, le 22 août, venait évoluer en éclaireur sur le territoire français, a été détruit et est tombé sur la route de Celle à Badonviller (Meurthe-et-Moselle).

Une proclamation du mikado

Londres, 24 août.

L'ambassade du Japon a annoncé que l'empereur a publié la proclamation suivante :

« Nous, par la grâce du Ciel, Empereur du Japon, sur le trône occupé par la même dynastie de temps immémorial, faisons la proclamation suivante à tous nos loyaux et braves sujets. Nous déclarons, par la présente, la guerre contre l'Allemagne et nous ordonnons à notre armée et à notre marine de porter de toutes leurs forces les hostilités contre cet empire et nous ordonnons aussi à toutes nos autorités compétentes de faire tous leurs efforts dans la poursuite de leurs devoirs respectifs pour atteindre le but national dans la limite de la loi des nations.

« Depuis le début de la guerre actuelle en Europe, dont nous avons constaté les effets désastreux avec une profonde angoisse; nous, pour notre part, avons gardé l'espoir de conserver la paix en Extrême-Orient, par le maintien de la neutralité absolue. Mais l'action de l'Allemagne a obligé notre alliée la Grande-Bretagne à commencer les hostilités contre ce pays. L'Allemagne est à Kiao-Tchéou. Son territoire loué en Chine est destiné à la préparation à la guerre, pendant que ses vaisseaux armés croisent dans les mers de l'Asie orientale et menacent notre commerce et celui de notre alliée. De cette façon, la paix en Extrême-Orient est compromise.

« Par conséquent, après que notre gouvernement et celui de Sa Majesté britannique ont négocié une entente complète et loyale, nous nous sommes décidés à prendre telles mesures qui seraient nécessaires pour la protection des intérêts généraux visés par l'acte d'alliance. Mais, étant désireux pour notre part d'atteindre cet objet par des moyens pacifiques, nous avons ordonné à notre Gouvernement d'adresser en toute loyauté un avis au Gouvernement impérial allemand; toutefois, au dernier jour désigné à cet effet, notre Gouvernement n'a reçu aucune réponse conforme à son avis.

« C'est avec un profond regret qu'en dépit de notre ardent dévouement à la cause de la paix, nous sommes ainsi contraints à déclarer la guerre, surtout dans cette première période de notre règne et pendant que nous sommes encore en deuil de notre regrettée mère. C'est notre désir sincère que par la loyauté et la valeur de nos sujets fidèles, la paix puisse être bientôt rétablie et la gloire de l'empire augmentée. »

Dépêches officielles

Sur le front

La bataille est engagée sur le front.

Dans les Vosges, la situation générale nous a déterminés à ramener en arrière nos troupes du Donon et du col de

Saales. Ces points n'avaient plus, en effet, d'importance, étant donné que nous occupions la ligne fortifiée qui commence au Grand-Couronné, à Nancy.

Lunéville a été occupé par les Allemands.

A Namur, les Allemands font un grand effort contre les forts, qui résistent énergiquement. Les forts de Liége tiennent toujours.

L'armée belge est tout entière concentrée dans le camp retranché d'Anvers. Mais c'est sur la vaste ligne allant de Mons à la frontière luxembourgeoise que se joue la grosse partie.

Nos troupes ont pris partout l'offensive; leur action se poursuit régulièrement, en liaison avec l'armée anglaise.

Nos troupes ont en face d'elles, dans ce mouvement offensif, la presque totalité de l'armée allemande, formations actives et formations de réserve.

Le terrain des opérations, surtout à notre droite, est boisé et difficile. Il est à présumer que la bataille durera plusieurs jours. L'énorme extension du front et l'importance des effectifs engagés empêche de suivre pas à pas les mouvements de chacune de nos armées. Il convient, en effet, pour apprécier cette situation, de ne pas s'en tenir à la première phase du combat; si l'on procédait autrement, on fournirait des données divergentes et contradictoires, puisqu'une telle bataille est nécessairement faite d'actions et de réactions qui se succèdent et s'enchaînent de façon continue.

D'ailleurs, des informations fournies au cours du combat sur la position momentanée de nos armées risquerait, d'autre part, de procurer des renseignements à l'ennemi.

La situation militaire

La grande bataille entre le gros des forces françaises et anglaises et le gros des forces allemandes continue.

Pendant que cette action se poursuit, dans laquelle nous

avons l'importante aisance de retenir la presque totalité des armées ennemies, nos alliés de l'Est obtiennent de gros succès dont les conséquences doivent être considérables.

En Russie orientale, ils ont poursuivi leur mouvement en avant et occupé le front Tilsit-Insterburg-Arys, à 70 kilomètres environ de la frontière.

La population allemande évacue Villemberg en raison de l'arrivée des forces de Pologne qui ont pénétré déjà très en avant vers Soldau.

Après leur défaite sur la Drina, les Autrichiens, qui avaient tenté un mouvement offensif vers Chabatz, ont été repoussés.

Les Serbes sont prêts à envahir les territoires au nord de la Save.

Sur le front

Nos armées, placées face à leurs objectifs, se sont ébranlées avant-hier, prenant partout résolument l'offensive entre la Moselle et Mons.

La bataille générale est maintenant complètement engagée, et la parole n'est plus qu'aux combattants eux-mêmes. Leur situation peut être résumée comme suit:

En Haute-Alsace, sur les Vosges et la Meurthe, l'ensemble des troupes est placé sous le commandement du général Pau. Ces forces tiennent le front précédemment indiqué; il n'a pas subi de modifications: Badonviller, Lunéville sont occupés par les Allemands.

A Mantes, Dieulouard, une armée partant de la Woëvre septentrionale et se portant sur Neufchâteau, attaque les forces allemandes qui ont défilé dans le grand-duché de Luxembourg et sur la rive droite de la Semoy, se portant vers l'Ouest.

Une autre armée, partie de la région de Sedan, traversant l'Ardenne, attaque les corps allemands en marche entre la Lesse et la Meuse.

Une troisième armée, de la région de Chimay, s'est portée à l'attaque de la droite allemande entre Sambre et Meuse ; elle est appuyée par l'armée anglaise, partie de la région de Mons.

Le mouvement des Allemands, qui avaient cherché à déborder notre aile gauche, a été suivi pas à pas, et leur droite se trouve donc maintenant attaquée par notre armée d'aile gauche, en liaison avec l'armée anglaise.

Sur ce côté, la bataille se poursuit depuis plus d'une journée. Sur tout le reste du front, elle est aussi engagée avec le plus grand acharnement, et déjà les pertes sont sérieuses de part et d'autre.

A notre extrême gauche, un groupement a été constitué dans le Nord pour parer à tout événement de ce côté.

Information inexacte

Un journal du matin a annoncé qu'une division du 15ᵉ corps avait lâché pied devant l'ennemi, ce qui aurait eu de graves conséquences pour la suite des opérations. Le fait, présenté sous cette forme, est inexact. Quelques défaillances individuelles, profondément regrettables, ont pu se produire; elles ont été suivies des répressions nécessaires, mais elles n'ont pas eu l'importance qui leur a été attribuée.

Il serait injuste de faire peser la faute de quelques-uns sur tous les soldats d'une région dont les citoyens sont, comme tous les autres, prêts à donner leur vie pour le pays.

Un blâme a été adressé au journal qui avait publié cette information.

25 AOUT 1914

Une grande bataille s'engage à nouveau entre Maubeuge et le Donon

Nouvelles diverses publiées par les journaux

Trois armées françaises continuent, en Belgique, la lutte contre les armées allemandes; ces armées ont pris l'offensive, la première et la seconde sont à l'est de la Meuse; la troisième, appuyée à son aile gauche par l'armée anglaise, est aux prises avec le gros des forces allemandes entre la Sambre et la Meuse. Dans la journée, des nouvelles officielles annoncent que nos troupes, après une lutte acharnée, ont dû se replier sur leurs positions; que cependant les Allemands n'ont pas pu entamer les forces anglaises.

Des troupes de cavalerie allemande se sont avancées dans le Nord jusqu'à Roubaix et Tourcoing.

En résumé, le mouvement offensif des Français n'a pas réussi, mais le mouvement offensif des Allemands, sur lequel ils comptaient beaucoup, a été empêché.

Nous sommes sur nos positions retranchées et les Allemands sont obligés de reprendre haleine et de réparer leurs pertes avant d'essayer de franchir notre frontière.

Les Russes sont presque complètement maîtres de la Prusse orientale et ils se disposent à marcher sur Berlin. Ils agissent également en Galicie (Autriche) et les Autrichiens vont modérer leur lutte contre les Serbes pour porter le gros de leurs forces contre les Russes et les détourner de leur objectif qui est Berlin.

En Belgique, la concentration des troupes continue sur Anvers. Un des forts de Liége (Chaudfontaine, qui commandait la voie ferrée d'Aix-la-Chapelle à Liége) ayant été presque complètement détruit par l'artillerie allemande, le commandant du fort, le major Mamèche, a mis le feu à ses poudres et s'est fait sauter.

53 navires allemands et 13 autrichiens, armés en guerre et réfugiés dans des ports espagnols, ont refusé de désarmer. Le ministre de la marine en a été informé.

Autour de Mulhouse, les combats continuent, les efforts des Allemands pour déloger les Français de leurs positions ont, jusqu'à présent, été sans résultat.

Il en est de même à Nancy, nous sommes toujours en possession du Grand-Couronné de Nancy.

La situation en Belgique

A l'ouest de la Meuse, l'armée anglaise, qui se trouvait à notre gauche, a été attaquée par les Allemands; admirable sous le feu, elle a résisté à l'ennemi avec son impassibilité ordinaire.

L'armée française, qui opérait dans cette région, s'est portée à la face.

Deux corps d'armée, dont les troupes d'Afrique, qui se trouvaient en première ligne, entraînés par leur élan, ont été reçus par un feu très meurtrier. Ils n'ont pas cédé; mais, contre-attaqués par la garde prussienne, ils ont dû se replier ensuite; ils ne l'ont fait qu'après avoir infligé des pertes énormes à leurs adversaires. Le corps d'élite de la garde a été très éprouvé.

A l'est de la Meuse, nos troupes se sont portées en avant à travers un pays des plus difficiles. Vigoureusement attaquées au débouché des bois, elles ont dû se replier au sud de la Semoy, après un combat très vif, sur l'ordre du général Joffre.

Nos troupes et les troupes anglaises ont pris position sur les emplacements de couverture, qu'elles n'eussent pas quittés si l'admirable effort des Belges ne nous avait pas permis d'entrer en Belgique; elles sont intactes. Notre cavalerie n'a aucunement souffert; notre artillerie a affirmé sa supériorité; nos officiers et nos soldats demeurent dans le meilleur état physique et moral.

Du fait des ordres donnés, la lutte va changer d'aspect pendant plusieurs jours: l'armée française restera, pour un temps, sur la défensive. Au moment venu, choisi par le commandant en chef, elle reprendra une vigoureuse offensive.

Nos pertes sont importantes. Il serait prématuré de les chiffrer; il ne le serait pas moins de chiffrer celles de l'armée allemande, qui a cependant souffert au point de devoir s'arrêter dans ses mouvements de contre-attaque pour s'établir sur de nouvelles positions.

La situation en Lorraine

Nous avons, hier, contre-attaqué à quatre reprises, en partant des positions que nous occupions au nord de Nancy, et nous avons infligé de très grosses pertes aux Allemands.

Aperçus d'ensemble

D'une manière générale, nous avons conservé la pleine liberté d'utiliser notre réseau ferré, et toutes les mers nous sont ouvertes pour nous approvisionner.

Nos opérations ont permis à la Russie d'entrer en action et de pénétrer jusqu'au cœur de la Prusse orientale.

On doit évidemment regretter que le plan offensif, par suite de difficultés impossibles à prévoir, n'ait pas atteint son but, — cela eût abrégé la guerre, — mais notre situation défensive demeure entière en présence d'un ennemi déjà affaibli.

Tous les Français déploreront l'abandon momentané du territoire annexé que nous avions occupé.

D'autre part, certaines parties du territoire national souffriront, malheureusement, des événements dont elles seront le théâtre: épreuve inévitable, mais provisoire. C'est ainsi que des éléments de cavalerie allemande appartenant à une division indépendante opérant à l'extrême droite ont pénétré dans la région de Roubaix-Tourcoing, qui n'est défendue que par des éléments territoriaux.

Le courage de notre vaillante population saura supporter cette épreuve avec une foi inébranlable dans le succès final, qui n'est pas douteux.

En disant au pays la vérité entière, le gouvernement et les autorités militaires donnent la plus forte preuve de leur absolue confiance dans la victoire, qui ne dépend que de notre persévérance et de notre ténacité.

En Belgique

Dans le nord les Allemands semblent reprendre l'offensive qui avait été arrêtée hier.

Ils sont contenus par nos armées en liaison avec les troupes anglaises.

L'armée belge sortant d'Anvers par surprise a surpris les premiers éléments allemands et a dépassé Malines.

Après les contre-attaques de la journée d'hier, la droite de nos forces s'est repliée sur la montagne qui prolonge exactement le cours de la Meurthe de Lunéville à Nancy.

En Alsace

Nos troupes ont repoussé plusieurs contre-attaques allemandes dirigées sur Colmar.

Le bruit avait couru de la reprise de Mulhouse par les Allemands; il est encore à cette heure dénué de tout fondement.

Le théâtre d'opérations d'Alsace devient d'ailleurs secondaire.

26 AOUT 1914

Investissement de Kœnigsberg par les Russes

Nouvelles diverses publiées par les journaux

Dans la journée d'hier, la bataille a été reprise dans le Nord. La cavalerie allemande s'est avancée sur Lille, Valenciennes, Cambrai. Un gros effort des Allemands semble se dessiner sur la ligne Maubeuge au Donon. De vifs engagements ont lieu en Lorraine où nos troupes paraissent vouloir prendre l'offensive. Certains bruits circulent sur la reprise de Mulhouse par les Allemands, bruits qu'un télégramme officiel est venu confirmer dans la journée.

Dans le mouvement offensif que nous avons tenté en Belgique les journées précédentes, les faits les plus importants qui nous sont signalés sont: 1° la lutte autour de Charleroi, centre de l'action, cette ville serait en ruines; 2° l'héroïque charge à la baïonnette de nos troupes d'Afrique pendant trois kilomètres, sous le feu des mitrailleuses allemandes; ces troupes ne furent arrêtées dans leur élan que par la garde impériale, et encore la garde fut-elle très éprouvée; le général prince Aldebert de Prusse, oncle de l'empereur Guillaume, qui commandait la garde, a été tué. 400.000 Français et 40.000 Anglais se sont heurtés à des forces doubles, environ 700 à 800.000 Allemands.

Dans la Prusse orientale, les Russes continuent leur offensive, leurs armées investissent Koenigsberg, ils poursuivent également leur action sur les rives de la Vistule. Le tsar est arrivé au quartier général de l'armée russe, ce qui semblerait indiquer que la mobilisation est terminée et que les événements vont se précipiter.

L'empereur d'Autriche a décrété, le 23 août, la mise en état de défense de Vienne, en prévision d'un siège.

Dépêches officielles

En Belgique

A l'ouest de la Meuse, par suite des ordres donnés avant-hier, par le général en chef, les troupes qui doivent demeurer sur la ligne de couverture pour y prendre une attitude défensive, se sont massées de la manière suivante:

Les troupes franco-anglaises occupent une ligne de front dans le voisinage de Givet.

Elles ont gagné ce front en combattant et en tenant en respect leur adversaire dont l'offensive a été nettement arrêtée.

A l'est de la Meuse

Sur ce front aussi, par ordre du général en chef, nos troupes ont regagné leurs emplacements de départ en maîtrisant les débouchés de la grande forêt des Ardennes.

Plus à droite, nous avons pris une vigoureuse offensive en faisant reculer l'ennemi.

Mais le général Joffre a arrêté la poursuite pour rétablir sur les lignes qu'il avait assignées avant-hier sur le front de combat.

Dans cette offensive, nos troupes ont montré un admirable entrain.

Le 6e corps a notamment fait subir à l'ennemi, du côté de Virton, des pertes considérables.

En Lorraine

Les deux armées ont pris l'offensive combinée, l'une partant du Couronné de Nancy, l'autre au sud de Lunéville.

La bataille engagée hier continue. Au moment où nous

communiquons ce bulletin on n'entend plus le canon, comme on l'entendait hier, aux environs de Nancy.

Le 15ᵉ corps, qui depuis la dernière affaire était fortement éprouvé, avait été replié en arrière et s'était reconstitué, faisait partie des deux armées combinées.

Il a exécuté une contre-attaque très brillante dans la vallée de la Vérouze.

L'attitude des troupes a été très belle et montre qu'il ne reste aucun souvenir de la surprise du 20 août.

En Haute-Alsace

Le général en chef ayant à faire appel, pour faire face sur la Meuse, à toutes les troupes, avait donné l'ordre d'évacuer progressivement le pays occupé.

Mulhouse a été de nouveau évacuée.

La grande bataille est engagée entre Maubeuge et le Donon.

C'est d'elle que dépend le sort de la France et de l'Alsace avec elle.

C'est au Nord que se joue la partie, c'est là que le général en chef appelle pour l'attaque décisive toutes les forces de la nation.

L'action militaire entreprise dans la vallée du Rhin en distrairait les troupes dont dépend peut-être la victoire.

Il leur faut donc quitter momentanément l'Alsace pour lui assurer la délivrance définitive, quel que soit leur chagrin de n'avoir pu la soustraire déjà à la barbarie allemande.

C'est une cruelle nécessité que l'armée d'Alsace et son chef ont eu peine à subir et à laquelle ils ne se sont soumis qu'à la dernière extrémité.

Dans le Nord

Des partis de cavalerie qui s'étaient montrés avant-hier dans la région de Lille, Roubaix, Tourcoing, ont apparu hier dans la région de Douai. Cette cavalerie ne peut s'aventurer davantage qu'en s'exposant à tomber dans les lignes anglaises, renforcées, hier, par des troupes françaises.

Situation générale

Malgré les énormes fatigues imposées par trois jours de combat consécutifs et malgré les pertes subies, le moral des troupes est excellent et elles ne demandent qu'à combattre.

Dans la journée d'avant-hier, le fait saillant a été la rencontre formidable des tirailleurs algériens et sénégalais avec la troupe réputée de la garde prussienne; sur cette troupe solide, nos soldats africains se sont jetés avec une inexprimable furie. La garde a été très éprouvée dans un combat qui dégénérait en corps à corps. Le général prince Adalbert, oncle de l'empereur, a été tué; son corps a été transporté à Charleroi.

Notre armée, calme et résolue, continuera aujourd'hui son magnifique effort. Elle sait le prix de cet effort: elle combat pour la civilisation. La France tout entière la suit des yeux, elle aussi calme et forte, sachant que tous ses fils supporteront, seuls pour le moment, avec l'héroïque armée belge, qui hier a repris Malines, et la vigoureuse armée anglaise, le poids d'un combat sans précédent par l'acharnement réciproque et la durée.

Pendant ce temps, les Russes marchent par les chemins de la Prusse orientale, et l'Allemagne est envahie.

27 AOUT 1914

Capitulation de Longwy
Bataille navale anglo-allemande dans la mer du Nord

Nouvelles diverses publiées par les journaux

L'évacuation de Mulhouse et de la Haute-Alsace est, pour la deuxième fois, un fait accompli; cette évacuation était devenue nécessaire, afin d'opérer la concentration de toutes nos forces sur la frontière de Lorraine et dans le Nord. Nos troupes sont toujours aux prises avec l'armée allemande, elles ont réussi à dégager Nancy et à refouler l'ennemi en Lorraine. Sur la Meuse, elles font tous leurs efforts pour maintenir l'armée allemande de Belgique. Dans le Nord, les troupes françaises et anglaises opposent une barrière à l'invasion. Aucune ville importante n'est investie, mais une certaine crainte se manifeste à Lille et dans la région avoisinante. Les trains ne dépassent plus Arras.

Le 25 août, une division de cavalerie allemande, qui terrorisait la région du Nord, s'est heurtée à une force d'artillerie française qui l'a presque anéantie, après trois heures d'un violent combat, près de Bouchain, à 15 kilomètres de Valenciennes.

Le prince de Saxe-Meiningen, grièvement blessé, a été fait prisonnier par les Français, au cours d'un engagement. Il a été transporté à Maubeuge.

Les Belges, dans une sortie du camp retranché d'Anvers, se sont avancés jusqu'à Malines, qu'ils ont repris, mais il y a tout lieu de supposer qu'ils ne pourront pas s'y maintenir.

Dans la Prusse Orientale, les Russes menacent Koenigsberg, ils prennent résolument l'offensive dans la direction de Posen.

Le ministère de défense nationale a été reconstitué, quelques membres de l'ancien cabinet de M. Viviani se sont retirés et les sommités des différentes nuances du parti républicain sont entrées dans la nouvelle combinaison, notamment MM. Briand, Delcassé, Ribot, Millerand, Sembat et Guesde; les portefeuilles ont été attribués ainsi qu'il est dit dans une dépêche officielle de ce même jour.

En Autriche, les fortifications de Cattaro sont presque complètement détruites. L'Italie et l'Autriche occupent toujours, l'une à l'égard de l'autre, une situation de neutralité armée, chacune d'elles masse des troupes à la frontière. Qu'en résultera-t-il?

Le général Galliéni vient d'être nommé gouverneur de Paris.

Cambrai a été occupé, hier, par les troupes allemandes, après une violente bataille où notre gauche était protégée par les troupes anglaises.

Dépêches officielles

Dans les Vosges

D'une façon générale, notre offensive progresse entre Nancy et les Vosges.

Toutefois, notre droite a dû légèrement se replier dans la région de Saint-Dié.

L'ennemi paraît avoir subi des pertes considérables; on a trouvé plus de 1.500 cadavres dans un espace très restreint.

Dans une tranchée, une section tout entière avait été fauchée par nos obus.

Les morts étaient cloués sur place, encore dans la position de mise en joue.

Il se livre, dans cette région, depuis trois jours, des combats acharnés qui paraissent, dans l'ensemble, tourner à notre avantage.

Aucun fait saillant en Woëvre où les forces opposées semblent se recueillir après les combats de ces derniers jours.

Dans le Nord

Les lignes franco-anglaises ont été légèrement ramenées en arrière, la résistance continue.

Reconstitution du Ministère

Le Président de la République a accepté la démission que lui remettait M. le Président du Conseil, et l'a chargé de constituer un cabinet nouveau.

M. René Viviani a accepté la tâche qui lui était dévolue.

A 10 h. 30 du soir, après avoir conféré avec différentes personnalités politiques dont il s'est assuré le concours, il a rendu visite à M. le Président de la République et lui a fait connaître que le cabinet nouveau était constitué.

Il a ensuite présenté ses collègues au Président de la République, qui les a remerciés de leur collaboration.

Le Chef de l'Etat a particulièrement remercié M. Gaston Doumergue, dont le concours lui avait été si précieux au ministère des affaires étrangères, du désintéressement avec lequel, pour permettre l'élargissement de la combinaison ministérielle, il acceptait le portefeuille qui lui était dévolu.

Le cabinet est constitué de la manière suivante:

Président du Conseil: René Viviani (sans portefeuille);
Vice-Président du Conseil et Ministre de la Justice: Briand;
Affaires étrangères: Delcassé;

Intérieur: Malvy;
Finances: Ribot;
Guerre: Millerand;
Marine: Augagneur;
Instruction publique: Albert Sarraut;
Travaux publics: Marcel Sembat;
Commerce et Postes et Télégraphes: Thomson;
Colonies: Doumergue;
Agriculture: Fernand David;
Travail: Bienvenu-Martin.
Ministre sans portefeuille: Jules Guesde.

Gouverneur militaire de Paris

Ce matin a paru au *Journal officiel* un décret nommant le général Galliéni commandant de l'armée de Paris et Gouverneur militaire.

Avec une admirable abnégation, le général Michel a demandé un commandement sous les ordres du chef éminent qu'est le général Galliéni.

Sur le front

Les événements d'hier, dans la région du Nord, n'ont, à aucun degré, compromis ni modifié les dispositions prises en vue du développement ultérieur des opérations.

Dans la région entre les Vosges et Nancy, nos troupes continuent à progresser.

En Prusse Orientale

Les troupes allemandes ont évacué, après la victoire des Russes, la région du Mazurenland.

Les Russes n'ont eu à subir aucun arrêt dans ce terrain très difficile dont ils occupaient, hier, les débouchés Ouest.

Il se confirme qu'ils ont pris 100 canons à l'ennemi.

En Galicie

L'offensive russe se poursuit normalement dans la région, au sud-ouest de Tarnopol.

Le prince de Saxe-Meiningen blessé et prisonnier

Au cours d'un engagement, le prince Ernest de Saxe-Meiningen, grièvement blessé, a été hospitalisé à Maubeuge.

Les opérations austro-hongroises

Les victoires remportées par l'armée serbe ont amené les troupes austro-hongroises qui s'étaient avancées dans l'ancien sandjack de Novi-Bazar sur Priepolje et Novavaros, à évacuer cette dernière ville et à se retirer du sandjack.

Lettre du Ministre de la Guerre au général Joffre

Le Ministre de la Guerre a adressé au général Joffre, commandant en chef le groupe principal des armées de l'Est, la lettre suivante:

« Mon cher général,

« Au moment où je reprends la direction du Ministère de la Guerre, je veux que mon premier acte soit pour envoyer aux troupes qui combattent sous vos ordres, et à leurs chefs, le témoignage de l'admiration et de la confiance du Gouvernement de la République et du pays.

« La France est assurée de la victoire, par ce qu'elle est résolue à l'obtenir.

« A votre exemple et à celui de vos armées, elle gardera jusqu'au bout le calme et la maîtrise de soi, gage du succès.

« Soumise à la discipline de fer qui est la loi et la force des armées, la nation tout entière, levée pour la défense de son sol et de ses libertés, accepte d'avance, d'un cœur ferme, toutes les épreuves, même les plus cruelles.

« Patiente et tenace, forte de son droit, sûre de sa volonté, elle tiendra.

« Je vous donne l'accolade.

« Signé: A. MILLERAND. »

---

28 AOUT 1914

La flotte anglaise coule dans la mer du Nord 5 navires de guerre allemands

Destruction de la ville ouverte de Louvain par les Allemands

Nouvelles diverses publiées par les journaux

Hier, la citadelle de Longwy a capitulé, avec 24 jours de bombardement. La garnison de cette vieille forteresse se composait d'un bataillon d'infanterie. Le gouverneur, lieutenant-colonel Darche, vient d'être promu officier de la Légion d'honneur pour sa conduite héroïque dans la défense de Longwy. Nous donnerons plus tard les conditions de la capitulation. La garnison, assiégée depuis le 3 août, a résisté courageusement pendant plus de trois semaines aux attaques allemandes. La moitié de son effectif était tué ou blessé.

Entre Sedan et Mouzon, les Allemands avaient réussi à traverser la Meuse et à s'établir sur la rive gauche, ils ont été repoussés hier, et ils ont laissé entre nos mains un drapeau. Un colonel allemand a été fait prisonnier.

Saint-Dié (Vosges) a été bombardé par les Allemands.

En Lorraine, la bataille continue sans interruption et à notre avantage, on estime les forces engagées à 300.000 hommes de chaque côté.

Les Allemands ont commencé en Afrique l'envahissement du Congo belge; la France et l'Angleterre ont pris toutes dispositions utiles pour participer à la défense des Belges.

En Prusse Orientale, la population se retire devant l'invasion russe. Tilsitt est occupé; Koenigsberg, de plus en plus resserré, est sur le point d'être investi. Une grande inquiétude règne à Berlin au sujet de la marche précipitée des Russes et des revers de l'armée allemande. Dans sa retraite sur Asterode (Prusse Orientale), l'armée allemande aurait abandonné 100 pièces de canon.

Les Anglais et les Français sont entrés, aujourd'hui, à Karmina (Togoland), les troupes allemandes s'étant rendues sans conditions.

En Autriche, les Serbes continuent à envahir, de concert avec les Monténégrins, la Bosnie-Herzégovine. En Galicie, les armées russes avancent toujours. Les Autrichiens redoutent une intervention armée de l'Italie et prennent des dispositions en conséquence.

La revanche du Turco

Un turco eut la bonne fortune de capturer un officier allemand. Il le désarma soigneusement et c'est avec une fierté légitime qu'il le ramenait sur l'arrière, lorsque l'officier, violent et coléreux, injuria notre turco.

Celui-ci se demanda d'abord s'il allait abattre comme une bête cet énergumène. Il fit mieux: il l'humilia. Et, à ses yeux, l'humiliation la plus complète qu'il pouvait infliger à son insulteur fut de l'obliger à porter son sac et tout son fourniment.

Sous la menace de la fine aiguille du lebel, le Prussien dut s'exécuter, et c'est en triomphateur que le turco le conduisit au camp... après l'avoir coiffé de sa gamelle.

Bonne histoire qui fait la joie de ces naïfs enfants! Mais disons-nous qu'il faut avoir une belle âme pour oser faire des « blagues » de caserne alors qu'autour de soi butinent mille abeilles de plomb...

Manifeste socialiste

Les différents groupes du Parti socialiste, réunis hier au Palais-Bourbon, ont rédigé un manifeste auquel ils ont décidé de donner la plus grande publicité, en voici le texte:

« Citoyens,

« C'est à la suite d'une délibération régulière, c'est par une décision mûrement posée que le Parti socialiste a autorisé deux de ses membres, nos amis Jules Guesde et Marcel Sembat, à entrer dans le nouveau gouvernement et qu'il a fait d'eux ses délégués à la défense nationale.

« Tous les représentants du groupe socialiste au Parlement, de la Commission administrative permanente, du Conseil d'administration de l'*Humanité*, ont été d'accord pour assurer avec eux les graves responsabilités qu'ils consentaient à partager.

« S'il ne s'était agi que d'un remaniement ministériel, s'il ne s'était agi que d'adjoindre à l'ancien gouvernement quelques forces nouvelles, quelques-unes de ces forces intactes dont notre Parti est si riche; bien plus, s'il s'était agi de l'ordinaire participation à un gouvernement bourgeois, le consentement de nos amis, ni le nôtre n'aurait été obtenu.

« C'est de l'avenir de la nation, c'est de la vie de la France qu'il s'agit aujourd'hui. Le Parti n'a pas hésité.

« La vérité pressentie, annoncée par nous, a éclaté. Sans avoir été entamées, sans avoir été atteintes dans leur constitution, nos armées se sont momentanément repliées devant des forces supérieures. Une des régions les plus riches et les plus laborieuses de notre pays est menacée; il faut que l'unité nationale, dont la révélation renouvelée réconfortait les cœurs au début de la guerre, manifeste toute sa puissance.

« Il faut que dans un des élans d'héroïsme, qui se sont, à de pareilles heures, toujours répétés dans notre histoire, la nation entière se lève pour la défense du sol et de sa liberté.

« Le chef du gouvernement a pensé que pour entraîner la nation, pour l'organiser, pour la soutenir dans une lutte qui sera et qui doit être acharnée, il avait besoin des concours de tous et plus particulièrement peut-être de ceux qui redoutent pour l'émancipation prolétarienne elle-même l'oppression accablante du despotisme. Il savait qu'à toutes les heures graves, en 1793 comme en 1870, c'était en ces hommes, en ces socialistes, en ces révolutionnaires, que la nation mettait sa confiance. Spontanément, sans attendre d'autres manifestations de la volonté populaire, il a fait appel à notre Parti. Notre Parti a répondu: présent.

« Voilà dans quel esprit nos amis entrent au gouvernement.

« Ils y entrent aussi avec la claire vision de l'œuvre immense qu'ils ont à accomplir.

« Et d'abord, ils obtiendront que la vérité soit dite au pays. Ils maintiendront et développeront son courage et sa volonté de vaincre, en lui donnant confiance entière dans la sincérité gouvernementale.

« Ils poursuivront la levée en masse. Ils feront en sorte qu'aucune force, aucune bonne volonté ne demeure inutilisée. Ils vérifieront les ressources d'équipement, d'approvisionnement et d'armement qui existent dans nos places ; ils s'efforceront de les multiplier.

« Ils rendront chaque jour plus intense, par la collaboration de toutes les forces disponibles, la production des munitions et des armes.

« Il dépend d'une volonté exempte de préjugés, uniquement guidée par le salut du pays; il dépend d'un immense effort d'organisation, que soit portée au maximum l'utilité des énergies nationales.

« Enfin et surtout, Citoyens, la présence de nos amis au sein du gouvernement sera pour tous la garantie que la démocratie républicaine est prête à la lutte à outrance. Que de fois, notre grand Jaurès, prévoyant même un premier revers français sous une attaque de masse, n'a-t-il pas insisté sur la nécessité de cette lutte.

« Il aurait voulu qu'elle fût préparée dans tous ses détails; mais coûte que coûte, cette résistance opiniâtre nous avons le devoir de l'organiser et d'autant plus que d'elle dépend le succès commun des alliés. C'est à cette résistance que nos amis convient la nation.

« Aujourd'hui comme hier, après les premières épreuves comme dans l'enthousiasme de la mobilisation, nous avons la certitude de lutter non seulement pour l'existence de la patrie, non seulement pour la grandeur de la France, mais pour la liberté, pour la République, pour la civilisation. Nous luttons pour que le monde affranchi de l'oppression étouffante de l'impérialisme et des atrocités de la guerre, jouisse enfin de la paix dans le respect des droits de tous.

« Cette conviction, les ministres socialistes la communiquent au gouvernement entier. Ils en animeront son travail, ils la feront partager à l'héroïque armée au combat, aujourd'hui la fleur de la nation, et par leur effort persévérant, par leur élan enthousiaste, ils assureront tout à la fois le salut de la patrie et le progrès de l'humanité.

« Signé: *Le Groupe socialiste au Parlement,
la Commission administrative permanente,
le Conseil d'administration de l'*Humanité. »

Dépêches officielles

Dans les Vosges

Dans les Vosges, nos troupes ont repris l'offensive et refoulé les forces allemandes qui les avaient, hier, fait reculer du côté de Saint-Dié.

Les Allemands ont, hier, bombardé Saint-Dié, ville ouverte.

Dans la région entre les Vosges et Nancy, notre offensive est ininterrompue depuis cinq jours.

Les pertes allemandes sont considérables.

On a fait, au sud-est de Nancy, dans la région de Vitrimont, sur un front de quatre kilomètres, 4.500 morts.

Longwy, très vieille forteresse dont la garnison ne comportait qu'un bataillon, bombardé depuis le 3 août, a capitulé aujourd'hui après avoir tenu vingt-quatre jours. Plus de la moitié de l'effectif est tué ou blessé.

Le lieutenant-colonel Darche, gouverneur de Longwy, est nommé officier de la Légion d'honneur, pour conduite héroïque dans la défense de Longwy.

Sur la Meuse

Nos troupes ont repoussé avec une extrême vigueur plusieurs attaques allemandes.

Un drapeau a été pris.

Les troupes belges de la défense mobile de Namur et le régiment français qui les appuyait ont rejoint nos lignes.

Dans le Nord

L'armée anglaise, attaquée par des forces très supérieures en nombre, a dû, après une brillante résistance, se porter en arrière à sa droite.

En Belgique

L'armée d'Anvers, par son offensive, a attiré et retenu devant elle plusieurs divisions allemandes.

En Prusse Orientale

Repoussées par l'armée russe, les troupes allemandes continuent leur mouvement de retraite sur Koenigsberg et Allenstein.
La défense mobile de Koenigsberg est progressivement refoulée dans la place.

En Galicie

Par une offensive énergique, les Russes, après des combats heureux du côté de Romanov, marchent sur Lemberg dont ils ne sont plus séparés que par une trentaine de kilomètres.

Sur Mer

On confirme que le croiseur allemand *Magdebourg* s'est échoué dans le golfe de Finlande; des croiseurs russes s'en sont emparés.
D'autre part, le croiseur léger anglais *Highflyer* a coulé le croiseur auxiliaire allemand *Kaiser-Wilhem-der-Grosse* au large de Rio-de-Oro.

29 AOUT 1914

L'Autriche déclare la guerre à la Belgique

Nouvelles diverses publiées par les journaux

La lutte entre les armées françaises et allemandes continue sur tout le front, depuis la Somme jusqu'aux Vosges, sans aucun changement dans la situation respective des belligérants. Après une terrible lutte de 20 jours, les troupes semblent épuisées de part et d'autre.

M. Millerand, ministre de la guerre, arrive du quartier général des armées, il manifeste une grande satisfaction.

Les Anglais ont débarqué des troupes à Ostende.

Il se confirme que le 27 août des croiseurs russes se sont emparés, dans le golfe de Finlande, du croiseur allemand *Magdebourg*.

Il y a quelques jours, le croiseur anglais *Highflyer*, qui poursuivait le paquebot allemand *Kaiser-Wilhelm-der-Gross*, armé en guerre, l'a rejoint au lage de Rio-de-Oro, sur la côte d'Afrique, au sud des Canaries, et l'a coulé, délivrant ainsi le paquebot anglais *Galician* que le paquebot allemand avait capturé.

Dans la Prusse Orientale, les Russes ont été victorieux, le 26 août, dans les combats de Tomaschoff et de Monasterzyska, qu'ils ont livrés aux Allemands.

Le 27 août, la flotte anglaise a livré bataille à la flotte allemande dans la baie d'Héligoland, où elle s'est retirée.

La flotte anglaise, évitant les mines et les sous-marins, a coulé 2 croiseurs allemands et en a incendié un troisième, elle a coulé également 2 contre-torpilleurs.

En Autriche, 3 régiments slaves se sont mutinés et ont refusé de marcher contre les Russes. Les colonels commandant ces régiments ont été fusillés.

Le 28 août, en Belgique, la ville de Louvain a été bombardée, puis incendiée, par les troupes allemandes, sous prétexte que la population civile avait tiré sur la troupe, alors qu'en réalité ce sont les Allemands de garde qui, croyant avoir affaire à des Belges, avaient tiré eux-mêmes sur leurs compatriotes.

La cinquième armée française s'est portée, aujourd'hui, en avant de la ligne de l'Oise pour arrêter le mouvement en avant des armées allemandes; une grande bataille est engagée au sud de Guise et dans la direction de Vervins.

Sur le front

La situation de notre front, de la Somme aux Vosges, est restée, aujourd'hui, ce qu'elle était hier.

Les forces allemandes paraissent avoir ralenti leur marche.

Appel du Gouvernement de la République au Peuple Français

Français,

Le gouvernement nouveau vient de prendre possession de son poste d'honneur et de combat.

Le pays sait qu'il peut compter sur sa vigilance, sur son énergie et que, de toute son âme, il se donne à sa défense. Le gouvernement sait qu'il peut compter sur le pays. Ses fils répandent leur sang pour la Patrie et pour la Liberté. Aux côtés des héroïques armées belge et anglaise, ils reçoivent sans trembler le plus formidable ouragan de fer et de feu qui ait jamais été déchaîné sur un peuple. Et tous se tiennent droit! Gloire à eux! Gloire aux vivants et aux morts! Les hommes tombent. La Nation continue.

Grâce à tant d'héroïsme, la victoire finale est assurée. Un combat se livre, capital, certes, mais non décisif. Quelle qu'en soit l'issue, la lutte continuera. La France n'est pas la proie facile que s'est imaginée l'insolence de l'ennemi.

Français,

Le Devoir est tragique, mais il est simple: repousser l'envahisseur, le poursuivre, sauver de sa souillure notre sol et de son étreinte la liberté, tenir tant qu'il le faudra, jusqu'au bout, hausser nos esprits et nos âmes au-dessus du péril, rester maîtres de notre destin. Pendant ce temps, nos alliés Russes marchent d'un pas décidé vers la capitale de l'Allemagne, que l'anxiété gagne, et infligent des revers multiples à des troupes qui se replient.

Nous demanderons au pays tous les sacrifices, toutes les ressources qu'il peut fournir en hommes et en énergies.

Soyez donc fermes et résolus! Que la vie nationale aidée par des mesures financières et administratives appropriées ne soit pas suspendue! Ayons confiance en nous-mêmes, oublions tout ce qui n'est pas la Patrie.

Face à la frontière! Nous avons la méthode et la volonté! Nous aurons la victoire.

> René VIVIANI, président du Conseil;
> Aristide BRIAND, ministre de la Justice, vice-président du Conseil;
> DELCASSÉ, ministre des Affaires étrangères;
> MALVY, ministre de l'Intérieur;
> RIBOT, ministre des Finances;
> MILLERAND, ministre de la Guerre;
> AUGAGNEUR, ministre de la Marine;
> SARRAUT, ministre de l'Instruction publique;
> Marcel SEMBAT, ministre des Travaux publics;

Thomson, ministre du Commerce, des Postes et Télégraphes;
Doumergue, ministre des Colonies;
David, ministre de l'Agriculture;
Bienvenu-Martin, ministre du Travail;
Jules Guesde, ministre sans portefeuille.

Paris, 28 août 1914.

Citations à l'ordre de l'armée

Le général commandant l'armée a cité à l'ordre de l'armée:

Le sous-lieutenant Viala, du 4e bataillon de chasseurs, qui est tombé mortellement frappé, le 20 août, au moment où, à la tête de sa section, il prononçait une contre-attaque à la baïonnette.

Le sous-lieutenant de Castelnau, du 4e bataillon de chasseurs, qui a fait preuve du plus grand courage au cours du combat du 20 août. Ayant pris le commandement de sa compagnie, a tenu tête à l'ennemi pendant cinq heures et a été tué au moment où il venait de le rejeter en arrière par une vigoureuse contre-attaque.

Les sous-lieutenants Devic, Picard, Munnier et Guillemin, du même bataillon, qui ont été tués au cours du combat du 20 août à la tête de leur troupe.

Les citations à l'ordre de l'armée de ces officiers sont les suprêmes récompenses qui puissent être accordées à eux et à leurs familles.

Sur Mer

On confirme que trois croiseurs allemands, dont le *Mainz* et le *Coln*, ont été détruits par l'escadre anglaise.

Ces deux croiseurs ont été lancés en 1909. Ils ont 4.350 tonnes de déplacement. Leur pont cuirassé a une épaisseur de 50 millimètres. Leur vitesse maximum atteint de 26 à

27 nœuds. Ils sont armés de 12 canons de 105 millimètres, 2 tubes lance-torpilles sous-marines. Leur équipage se compose de 13 officiers et de 347 hommes d'équipage.

En Prusse Orientale

L'armée russe a investi complètement Koenigsberg et s'est emparée d'Allenstein.
Les troupes allemandes sont en retraite.

En Galicie

Les combats commencés le 26 août, du côté de Lemberg, se sont transformés en une bataille générale sur un front de plus de 300 kilomètres.

En Pologne

A Pétrokof, les Russes ont mis complètement en déroute trois escadrons allemands et une compagnie cycliste.

---

30 AOUT 1914

Bataille de Guise

La classe 1914, la réserve de l'armée active et de l'armée territoriale sont appelées sous les drapeaux

---

Nouvelles diverses publiées par les journaux

Une grande bataille est engagée dans la région des Ardennes et dans le Nord du département de l'Aisne; le 29, les troupes françaises ont maintenu leurs positions sur Lannois, Signy-l'Abbaye, Novien-Porcien. Dans le nord du département de l'Aisne, notre droite a pris l'offensive, repoussant le 10ᵉ corps d'armée allemand et la garde sur Guise. A l'Est, notre gauche a dû se replier devant les forces allemandes qui se dirigent sur La Fère.

En Lorraine, nos troupes refoulent toujours les Allemands, nous sommes maîtres de la ligne de la Mortagne.

Le général Pau était hier à Paris, appelé pour raison de service, il est reparti aujourd'hui rejoindre ses troupes.

Il résulte de renseignements fournis par la *Tribune de Genève* que les armées allemandes sont ainsi commandées:
1° L'armée de Lorraine, sur le front Lunéville-Blamont, par le prince héritier de Bavière;
2° L'armée plus au Nord, qui débouche du Grand-Duché du Luxembourg, par le Kronprinz, fils aîné de l'Empereur;
3° L'armée de Belgique, du côté de Neufchâteau et de la Semoy, par le duc Albrecht de Wurtemberg.

En Belgique, les forts de Namur et de Liége tiennent toujours.

En Prusse Orientale, Koenigsberg est complètement investi; la grande bataille engagée entre les Russes et les troupes allemandes et autrichiennes continue toujours, les Russes prennent l'offensive sur tous les points. Le général Rennenkampf, à la tête de forces imposantes de cavalerie cosaque, a contourné la forteresse de Thorn et se dirige, à marches forcées, dans la direction de Berlin.

Documents officiels publiés par le « Daily Mail »

(Dépêches échangées entre l'Allemagne et l'Angleterre avant la déclaration de guerre.)

Une dépêche du frère de Guillaume II

La correspondance débute par un télégramme du prince Henri de Prusse à George V, en date du 30 juillet. Le prince

déclare qu'il a remis au kaiser le message du roi et ajoute:
« Guillaume, qui est ennuyé, fait son possible pour faire droit à la requête de Nicolas tendant à travailler au maintien de la paix. »

Le prince Henri parle ensuite d'informations reçues de Russie et de France au sujet des préparatifs militaires faits par ces deux puissances. Il déclare:

« Nous n'avons pris aucune mesure d'aucune sorte, bien que nous puissions être contraints à le faire si nos voisins continuent les leurs. Il en résulterait une guerre européenne. Si vous désirez réellement et sincèrement empêcher cette épouvantable catastrophe, puis-je vous proposer d'user de votre influence sur la France et aussi sur la Russie pour obtenir qu'elles restent neutres? Dans mon opinion, votre intervention serait de la plus grande valeur. »

Le frère de Guillaume II ajoute que plus que jamais l'Allemagne et l'Angleterre devraient agir en commun pour éviter un désastre épouvantable et que l'empereur d'Allemagne est extrêmement sincère dans ses tentatives pour assurer le maintien de la paix.

Réponse du Roi d'Angleterre

Le roi George répondit le jour même au prince Henri:

« Merci de votre télégramme. Très heureux des efforts de Guillaume pour s'entendre avec Nicolas en faveur du maintien de la paix. J'ai le plus vif désir qu'une aussi effroyable calamité qu'une guerre européenne puisse être évitée. Mon gouvernement fait de son mieux pour que la Russie et la France ajournent leurs mouvements de troupes si l'Autriche se contente d'occuper Belgrade et le territoire serbe avoisinant en garantie d'un règlement satisfaisant de ses réclamations, tandis que les autres pays arrêteront simultanément leurs préparatifs de guerre.

« J'ai la conviction que Guillaume usera de son influence sur l'Autriche pour lui faire accepter cette proposition. Il montrerait ainsi que l'Allemagne et l'Angleterre travaillent ensemble à empêcher ce qui serait une catastrophe internationale. Assurez, je vous prie, Guillaume, que je fais et que je continuerai de faire tout ce qui est en mon pouvoir pour conserver la paix de l'Europe.

« GEORGE. »

Une dépêche de Guillaume II

Le 31 juillet, l'empereur allemand télégraphiait de Postdam au roi d'Angleterre, disant que les propositions de George V étaient d'accord avec ses propres sentiments, mais qu'il venait précisément de recevoir la nouvelle que Nicolas II mobilisait sa flotte et son armée.

« Il n'a même pas attendu les résultats de la médiation à laquelle je m'employais, et il m'a laissé sans nouvelles. Je vais à Berlin pour assurer la sécurité de mes frontières de l'Est où déjà de grosses forces russes ont pris position. »

Le roi George V répondit, le 1er août, qu'il avait télégraphié au tsar sa volonté de faire ce qu'il pourrait pour empêcher la rupture des relations entre les puissances en cause.

« Neutralité française ! »

Le même jour, le prince Lichnowsky, ambassadeur d'Allemagne à Londres, a envoyé la dépêche suivante au chancelier de Bethmann-Hollweg:

« Sir Edward Grey vient de m'appeler au téléphone et m'a demandé si je pensais pouvoir déclarer que nous n'attaquerons pas la France si la France restait neutre dans une guerre germano-russe. J'ai dit que je pensais pouvoir assumer la responsabilité de cette déclaration.

« LICHNOWSKY. »

Guillaume II essaie d'engager l'Angleterre

Le 1er août, l'empereur d'Allemagne télégraphiait à George V:

« Je viens de recevoir la communication de votre gouvernement m'offrant la neutralité de la France avec la garantie de la Grande-Bretagne. A cette offre était liée la question de savoir si, à cette condition, l'Allemagne n'attaquerait pas la France. Pour des raisons techniques, ma mobilisation qui a été ordonnée sur les deux fronts, Est et Ouest, doit s'accomplir selon les préparatifs commencés.

« Des contre-ordres ne peuvent être donnés et votre télégramme est malheureusement venu trop tard. Mais si la France offre sa neutralité, qui sera alors garantie par l'armée et la flotte anglaises, je m'abstiendrai d'attaquer la France et j'emploierai mes troupes ailleurs. Je souhaite que la France ne montre aucune nervosité. Les troupes, sur ma frontière, sont en ce moment arrêtées par ordres télégraphiques et téléphoniques, dans leur marche en avant au delà de la frontière française. « GUILLAUME. »

Le même jour, le chancelier allemand télégraphiait à l'ambassadeur de Londres, prince Lichnowsky:

« L'Allemagne est prête à acquiescer aux propositions anglaises si l'Angleterre garantit avec ses forces militaires et navales la neutralité française dans le conflit russo-allemand. La mobilisation allemande s'est effectuée aujourd'hui, en réponse aux provocations russes, et avant l'arrivée des propositions anglaises. Par conséquent, notre concentration à la frontière française ne peut être modifiée. Nous garantissons d'ailleurs que d'ici au lundi 3 août, à sept heures du soir, la frontière française ne sera pas franchie si l'assentiment de l'Angleterre nous est parvenu à ce moment. « BETHMANN-HOLLWEG. »

Et le roi George V répondait à Guillaume II :

« En réponse à votre télégramme qui vient de me parvenir, je pense qu'il s'est produit un malentendu à propos de la suggestion qui aurait été faite au cours d'une conversation amicale entre le prince Lichnowsky et sir Edward

Grey, où ils discutaient comment un conflit armé entre l'Allemagne et la France pourrait être retardé jusqu'à ce qu'on ait trouvé un moyen d'entente entre l'Autriche-Hongrie et la Russie. Sir Edward Grey verra le prince Lichnowsky demain matin pour déterminer qu'il y a bien eu malentendu de la part de ce dernier. « George. »

Le 2 août, le prince Lichnowsky télégraphiait à M. de Bethmann-Hollweg l'explication suivante:

« Les suggestions de sir Edward Grey, basées sur le désir de garder la neutralité, de la part de l'Angleterre, ont été faites sans accord préalable avec la France et ont été, depuis, abandonnées comme futiles. »

En parcourant cette correspondance, remarque le *Daily Mail,* on est frappé de ce fait que le prince Lichnowsky donne une version inexacte de sa conversation avec sir Edward Grey et que le télégramme envoyé par ce dernier à Berlin, expliquant le malentendu, a été supprimé de propos délibéré dans la correspondance.

Sir Edward Grey n'a jamais proposé d'accueillir une proposition aussi indigne que celle faite par l'empereur allemand, à savoir que la Grande-Bretagne devrait contenir la France tandis que l'Allemagne attaquerait la Russie avec la totalité de ses forces. Ce que sir Edward Grey a dit, c'est que la Grande-Bretagne pourrait obtenir la neutralité de la France *si* l'Allemagne consentait à rester neutre au cas d'une guerre austro-russe. C'est là une vérité si évidente qu'il n'était besoin d'aucune conversation à Londres pour la mettre en lumière.

Dépêches officielles

En Lorraine

La progression de nos forces s'est accentuée en Lorraine. Nous sommes maîtres de la Mortagne, et notre droite avance.

Sur le front Nord-Est

Rien à signaler sur le front de la Meuse.

Une violente action a eu lieu hier dans la région Lannoy, Signy-l'Abbaye, Novion-Porcien, sans résultat décisif.

L'attaque reprendra demain.

A notre aile gauche une véritable bataille a été menée par quatre de nos corps d'armée.

La droite de ces quatre corps, prenant l'offensive, a repoussé sur Guise et à l'Est une attaque conduite par le 10ᵉ corps allemand et la garde, qui ont subi des pertes considérables.

La gauche a été moins heureuse. Des forces allemandes progressent dans la direction de La Fère.

---

31 AOUT 1914

Combats violents autour de Compiègne
Un aéroplane allemand lance des bombes sur Paris

Nouvelles diverses publiées par les journaux

Dans la matinée du 30 août, vers 4 heures 1/2, un aéroplane allemand a survolé Paris et a laissé tomber 4 bombes qui ont causé quelques dégâts matériels et blessé cinq personnes, dont une assez grièvement. Paris a accueilli cette nouvelle sans émotion; la province a été plus impressionnée.

En Lorraine, nos troupes résistent victorieusement, les Allemands ayant voulu franchir la Meuse à Sassey-sur-Meuse, au nord de Dun-sur-Meuse, un régiment allemand a été complètement anéanti.

La bataille continue sur tout notre front. Dans le nord du département de l'Aisne, la situation ne s'est guère modifiée, nous résistons à notre aile droite, mais notre aile gauche se replie lentement devant l'ennemi.

Un journal portugais publie une lettre d'un habitant de Cologne dans laquelle celui-ci rend compte de la situation des esprits en Allemagne. Dans certaine classe de la société, la disette commence à se faire sentir et l'esprit des populations est plutôt défavorable à la guerre.

La Turquie semble vouloir abandonner l'attitude équivoque qui lui est propre depuis le début des hostilités, elle se déciderait à embrasser la cause germanique; une dépêche d'Athènes annonce que le général allemand Liman Von Sanders vient d'être nommé généralissime de ses armées; que 150 officiers allemands seraient arrivés à Constantinople.

La Russie continue son mouvement offensif, elle aurait enveloppé deux corps d'armée autrichiens qui seraient maintenant dans l'impossibilité de lui échapper.

L'Italie attend la nomination du nouveau pape pour publier son ordre de mobilisation générale. Dès maintenant, elle refuse des passeports aux hommes mobilisables qui désirent se rendre à l'étranger. Cette mobilisation générale, qui devait être effectuée le 27 août, semble devoir être reculée au 5 septembre.

Le Ministre de la Guerre décide d'appeler sous les drapeaux la classe 1914 et de rappeler les hommes de la réserve de l'active et de la territoriale qui avaient momentanément été renvoyés dans leurs foyers.

Situation générale

La situation, dans l'ensemble, est la même qu'hier.
Après une accalmie, la bataille a repris dans les Vosges.

En Lorraine

Sur la Meuse à Saffoyé, près de Dun, un régiment d'infanterie ennemie qui avait tenté de passer la rivière a été presque complètement anéanti.

A notre gauche, les progrès de l'aile marchante allemande nous obligent à céder du terrain.

Situation d'ensemble

La situation générale ne s'est modifiée que sur nos ailes.
A notre gauche, les Allemands ont gagné quelque terrain.
Dans le centre, pas de modification sensible. On ne s'est pas battu.

En Lorraine, nous avons remporté de nouveaux avantages.

La situation d'ensemble est actuellement la suivante:

Vosges et Lorraine. — On se rappelle que nos forces, qui avaient pris l'offensive dans les Vosges et en Lorraine dès le début des opérations et repoussé l'ennemi au delà de nos frontières, ont ensuite subi des échecs sérieux devant Sarrebourg et dans la région de Morhange, où elles se sont heurtées à des organisations défensives très solides.

Ces forces ont dû se replier, pour se reconstituer, les unes sur le Grand Couronné de Nancy, les autres dans les Vosges françaises.

Les Allemands sont alors passés à l'offensive; mais, après avoir repoussé les attaques ennemies sur les positions de repli qu'elles avaient organisées, nos troupes ont repris l'attaque.

Depuis deux jours, cette attaque n'a cessé de progresser,

bien que lentement. C'est une véritable guerre de siège qui se livre dans cette région. Toute position occupée est immédiatement organisée de part et d'autre. C'est ce qui explique la lenteur de notre avance, qui n'en est pas moins caractérisée, chaque jour, par de nouveaux succès locaux.

Région de Nancy et Woëvre Méridionale. — Depuis le début de la campagne, cette région, comprise entre la place de Metz, côté allemand, et les places de Toul et de Verdun, côté français, n'a été le théâtre d'aucune opération importante.

Direction de la Meuse, entre Verdun et Mézières. — On se rappelle que les forces françaises avaient initialement pris l'offensive dans la direction de Longwy, Neufchâteau et Palisseul.

Les troupes opérant dans la région de Spincourt et Longuyon ont fait éprouver un échec à l'ennemi (armée du prince royal) dans les régions de Neufchâteau et Palisseul.

Au contraire, certaines de nos troupes ont subi des échecs partiels qui les ont contraintes à s'appuyer sur la Meuse, sans toutefois être entamées dans leur ensemble. Ce mouvement de recul a obligé les forces opérant dans la région de Spincourt à se replier aussi vers la Meuse.

Au cours de ces dernières journées, l'ennemi a cherché à déboucher de la Meuse avec des forces considérables; mais, par une vigoureuse contre-offensive, il a été rejeté dans la rivière, après avoir subi de très grosses pertes. Cependant, des forces nouvelles allemandes se sont avancées par la région de Rocroy, marchant dans la direction de Rethel. Actuellement, une action d'ensemble est engagée dans la région comprise entre la Meuse et Rethel, sans qu'il soit encore possible d'en prévoir l'issue définitive.

Opérations dans le Nord. — Les forces franco-anglaises se sont initialement portées jusque dans la région de Dinant, Charleroi et Mons.

Quelques échecs partiels subis, le forcement de la Meuse par les Allemands dans la région de Givet, sur notre flanc, ont contraint nos troupes à se replier, les Allemands cherchant toujours à nous déborder par l'Ouest.

C'est dans ces conditions que nos alliés Anglais, attaqués par un ennemi très supérieur en nombre dans la région du Cateau et Cambrai, ont dû se replier vers le Sud au moment où nos forces opéraient dans la région d'Avesnes et de Chimay.

Le mouvement de recul s'est prolongé dans les journées suivantes. Cependant, une bataille générale a été engagée, avant-hier, dans la région de Saint-Quentin et de Vervins, en même temps que dans la région Ham-Péronne. Cette bataille a été marquée par nous par un succès important sur notre droite, où nous avons rejeté la garde prussienne et le 10e corps dans l'Oise.

Par contre, et toujours en raison des progrès de l'aile droite allemande, où nos adversaires ont réuni leurs meilleurs corps d'armée, nous avons dû marquer un nouveau mouvement de recul.

En résumé, à notre droite, après des échecs partiels, nous avons pris l'offensive, et l'ennemi recule devant nous.

Au centre, nous avons eu des alternatives d'échecs et de succès; mais la bataille générale est de nouveau engagée.

A gauche par une série de circonstances qui ont tourné en faveur des Allemands, et malgré des contre-offensives heureuses, les forces anglo-françaises ont dû céder du terrain.

Nulle part encore, nos armées, malgré quelques échecs incontestables, n'ont été réellement entamées.

L'état moral de la troupe reste excellent, malgré les pertes considérables subies; mais les envois des dépôts ont pu boucher les vides.

Dans la soirée, ce communiqué a été complété par celui-ci:

A la fin de la journée, la situation générale ne s'est modifiée que sur nos ailes.

A notre gauche, les Allemands ont gagné quelque terrain.
Au centre, pas de modification sensible: on ne s'est pas battu.
En Lorraine, nous avons remporté de nouveaux avantages.

1er SEPTEMBRE 1914

Victoire russe de Lemberg

Nouvelles diverses publiées par les journaux

Les troupes françaises sont toujours aux prises avec les troupes allemandes. Dans la Lorraine et les Vosges, rien d'important à signaler. Dans les Ardennes, une bataille est engagée entre la Meuse et Rethel. Dans l'Aisne, nos troupes se maintiennent à notre aile droite mais fléchissent à l'aile gauche où les Allemands descendent sur Paris par la vallée de l'Oise, dans la direction Compiègne.

On annonce que les 28 et 29 août, 160 trains sont partis de Belgique, conduisant des troupes allemandes dans la Prusse Orientale; les Autrichiens, eux-mêmes, se seraient vus dans l'obligation de rappeler les troupes qui se trouvaient en Alsace.

En Galicie les troupes russes remportent des succès sur les Autrichiens; à Lublin, à Tomaschow, à Kamiouka, les Autrichiens ont été refoulés avec des pertes considérables.

Les Serbes ont également remporté une nouvelle victoire, ils se sont emparés de Plevlie.

Le gouvernement bulgare a informé le gouvernement serbe que si la Roumanie prenait position pour les Russes dans le conflit actuel, il adopterait la même attitude, c'est bien là la reconstitution de l'alliance balkanique telle qu'elle existait avant la guerre avec la Turquie.

Un nouvel aéroplane allemand aurait survolé Paris, jetant deux bombes, dont une est tombée dans la Seine et l'autre n'a pas éclaté. C'est le deuxième acte de vandalisme de ce genre.

A Rome, le Conclave s'est ouvert le 31 août, de 4 à 5 heures, pour l'élection du nouveau pape; 57 cardinaux étaient présents.

Dépêche officielle
Le Gouvernement appelle tous les territoriaux du Nord et du Nord-Est

Le Ministre de la Guerre a décidé de convoquer sans délai les réservistes de l'armée territoriale de toutes classes non encore appelés et habitant les régions du Nord et du Nord-Est de la France.

---

2 SEPTEMBRE 1914

Occupation de Lille par les Allemands
L'armée française pénètre à nouveau dans la Haute-Alsace et refoule les Allemands vers le Rhin
Le siège du Gouvernement est transporté à Bordeaux

Nouvelles diverses publiées par les journaux

Vers six heures, hier soir, un troisième aéroplane allemand est venu jeter des bombes sur Paris. La population n'a nullement été affolée par ce nouvel acte de vandalisme.

La population aisée de Paris et des environs quitte la capitale, de nombreuses automobiles traversent la France et s'éloignent du théâtre de la guerre.

Dans les Ardennes, nos troupes arrêtent momentanément l'ennemi qui n'a pas dépassé Rethel.

La colonne allemande qui se dirige sur Paris est arrivée vers Compiègne; la cavalerie a poussé une pointe jusqu'à Creil.

Une sérieuse action est engagée vers Compiègne entre les Allemands et les troupes de couverture anglo-françaises.

Dans la Prusse Orientale, les Russes progressent lentement.

La bataille engagée entre les forces russes et austro-allemandes en Galicie paraît devoir être favorable aux Russes qui ont empêché la jonction des forces des Allemands et des Autrichiens; on parle de nombreuses pièces de canon abandonnées par les Autrichiens. La ville de Lemberg et ses forts aurait été tournée et investie.

En Belgique, le bourgmestre de Bruxelles aurait refusé, malgré les menaces allemandes, de verser la contribution de guerre.

La flotte anglaise a coupé, depuis quelques jours déjà, le câble sous-marin qui reliait l'Allemagne aux Etats du Nord de l'Europe et aux Etats-Unis; la coupe s'est faite près de son point d'atterrissage, à Frédéricia (Danemark).

Lille a été occupée, aujourd'hui, par les Allemands. Lille avait été déclaré ville ouverte, les canons des forts ayant été enlevés ou mis dans l'impossibilité de servir, et les poudres ayant été noyées. Suivant conventions établies entre le maire, M. Delasalle, et le général Von Bernhart, la ville a été occupée par les troupes allemandes sous certaines conditions. 20.000 hommes mobilisables de Lille et de la région avoisinante ont pu se retirer par chemin de fer ou par route. Les habitants n'ont pas été inquiétés. Le Maire de

Lille aurait été emmené comme otage et interné à Magdebourg.

Dépêches officielles

Situation générale

Le gouvernement de la Défense nationale présente la situation générale comme suit :

1° A notre aile gauche, par suite de la continuation du mouvement enveloppant des Allemands et dans le but de ne pas accepter une action décisive qui aurait pu être engagée dans de mauvaises conditions, nos troupes se sont repliées partie vers le Sud et partie vers le Sud-Ouest.

L'action engagée dans la région de Rethel a permis à nos forces d'arrêter momentanément l'ennemi.

2° Au centre et à notre droite (Woëvre), entre le Rhin et les Vosges, situation sans changement.

Les aéroplanes allemands

Il a été organisé une escadrille d'aéroplanes blindés et munis de mitrailleuses pour faire la chasse aux aéroplanes allemands qui survolent Paris.

Engagements avec la cavalerie allemande

A notre aile gauche, dans la journée du 1er septembre, un corps de cavalerie allemande, dans sa marche vers la forêt de Compiègne (Oise), a eu un engagement avec les Anglais qui lui ont pris dix canons.

Un autre corps de cavalerie allemande a poussé jusqu'à la ligne Soissons-Anizy-le-Château (Aisne).

Dans la région de Rethel et de la Meuse, l'ennemi n'a manifesté aucune activité.

En Lorraine

En Lorraine, nous avons continué à progresser sur la rive droite du Sanon.

— 47 —

Au Sud, la situation est inchangée.
En Haute-Alsace, les Allemands semblent n'avoir laissé devant Belfort qu'un rideau de troupes.

Dans le Nord

Dans la région du Nord, on ne signale pas d'ennemis à Lille, Arras, Douai, Béthune, Lens.
On annonce de Belgique que des fractions appartenant à plusieurs corps d'armée allemands sont mis en mouvement vers l'Est et rentrent en Allemagne.

---

3 SEPTEMBRE 1914

Les Allemands paraissent renoncer à leur marche sur Paris
Le cardinal Della Chiesa est nommé pape sous le nom de Benoît XV

Nouvelles diverses publiées par les journaux

Dans la journée du 1ᵉʳ septembre, les troupes anglaises ont pris contact avec un corps de cavalerie allemande soutenu par des forces d'infanterie, au nord de la forêt de Compiègne; les Allemands ont laissé 10 canons entre les mains des Anglais. Un autre corps de cavalerie allemande s'est avancé jusqu'à la ligne Soissons-Anizy-le-Château.

Nous continuons à avancer en Lorraine sur la rive droite du Sanon.

La bataille continue entre les Russes et les armées austro-allemandes, et d'une façon désastreuse pour les Autrichiens. Les Autrichiens auraient évacué Lemberg, ville fortifiée qui commande la route de Vienne.

Le siège du gouvernement est transporté de Paris à Bordeaux. L'encaisse de la Banque de France, les richesses artistiques de Paris ont été mises en lieu sûr.

Le général Galliéni, gouverneur militaire de Paris, a fait afficher la proclamation suivante:

« Armée de Paris! Habitants de Paris!

« Les membres du Gouvernement de la République ont quitté Paris pour donner une impulsion nouvelle à la défense nationale.

« J'ai reçu le mandat de défendre Paris contre l'envahisseur. Ce mandat, je le remplirai jusqu'au bout.

« Paris, le 3 septembre.

« *Le Gouverneur militaire de Paris,*
commandant l'armée de Paris,
« GALLIÉNI. »

Il est aujourd'hui certain que le général belge Leman, l'héroïque défenseur de Liége, est prisonnier des Allemands. Le 17 août, il s'enferma dans le fort Lauzin, puis après une dernière résistance, il fit sauter le fort. Les Allemands le découvrirent sous les décombres, seul survivant de tous les défenseurs du fort, il respirait encore. Des soins lui furent donnés et Guillaume II lui fit remettre son épée.

La clôture de la session parlementaire

M. Viviani adresse le rapport suivant au Président de la République:

« Bordeaux, le 3 septembre 1914.

« Monsieur le Président,

« A la date du 4 août dernier, le Parlement s'est ajourné lui-même, maintenant ainsi sa session ouverte et laissant à M. le Président du Sénat et à M. le Président de la Chambre le soin de le convoquer, le cas échéant. Dans les graves circonstances que le pays traverse, le gouvernement aurait désiré se retrouver au contact d'un Parlement qui lui a spontanément et unanimement accordé sa confiance lors de sa dernière séance. Il aurait puisé dans cette confiance renouvelée plus de force encore, mais les nécessités qui nous pressent nous enlèvent la possibilité d'une réunion.

« D'autre part, un grand nombre de parlementaires, répondant à l'appel de l'autorité militaire, ont rejoint leur armée, soit comme soldats, soit comme gradés, et dans la hâte de la convocation avec le court délai qui les séparaient de la séance, ils ne pourraient ni ne voudraient quitter les rangs, et c'est forcément devant une représentation nationale amputée d'une grande partie de ses membres que le Gouvernement se présenterait.

« Enfin, nous sommes contraints, par la force supérieure d'événements qui se succèdent si rapidement, de transporter momentanément la résidence du Gouvernement dans une autre ville, afin d'intensifier et de développer la résistance du pays.

« Dans ces conditions, je vous prie, Monsieur le Président, de vouloir bien revêtir de votre signature le décret prononçant la clôture ordinaire du Parlement.

« Agréez, Monsieur le Président, l'assurance de mon respectueux dévouement.

« René Viviani. »

Suit le décret suivant:

« La session ordinaire de 1914 du Sénat et de la Chambre des députés est et demeure close. »

Dépêches officielles

Proclamation du Gouvernement de la République

Français,

Depuis plusieurs semaines, des combats acharnés mettent aux prises nos troupes héroïques et l'armée ennemie. La vaillance de nos soldats leur a valu, sur plusieurs points, des avantages marqués. Mais, au Nord, la poussée des forces allemandes nous a contraints à nous replier.

Cette situation impose au Président de la République et au Gouvernement une décision douloureuse. Pour veiller au salut national, les Pouvoirs publics ont le devoir de s'éloigner, pour l'instant, de la ville de Paris.

Sous le commandement d'un chef éminent, une armée française, pleine de courage et d'entrain, défendra contre l'envahisseur la capitale et sa patriotique population. Mais la guerre doit se poursuivre, en même temps, sur le reste du territoire.

Sans paix ni trêve, sans arrêt ni défaillance, continuera la lutte sacrée pour l'honneur de la nation et pour la réparation du droit violé.

Aucune de nos armées n'est entamée. Si quelques-unes d'entre elles ont subi des pertes trop sensibles, les vides ont été immédiatement comblés par les dépôts et l'appel des recrues nous assure pour demain de nouvelles ressources en hommes et en énergies.

Durer et combattre, tel doit être le mot d'ordre des armées alliées, anglaise, russe, belge et française!

Durer et combattre, pendant que sur mer, les Anglais nous aident à couper les communications de nos ennemis avec le monde!

Durer et combattre, pendant que les Russes continuent à s'avancer pour porter au cœur de l'empire d'Allemagne le coup décisif!

C'est au Gouvernement de la République qu'il appartient de diriger cette résistance opiniâtre.

Partout, pour l'indépendance, les Français se lèveront. Mais pour donner à cette lutte formidable tout son élan et toute son efficacité, il est indispensable que le Gouvernement demeure libre d'agir.

A la demande de l'autorité militaire, le Gouvernement transporte donc momentanément sa résidence sur un point du territoire d'où il puisse rester en relations constantes avec l'ensemble du pays.

Il invite les membres du Parlement à ne pas se tenir

éloignés de lui pour pouvoir former, devant l'ennemi, avec le Gouvernement et avec leurs collègues, le faisceau de l'unité nationale.

Le Gouvernement ne quitte Paris qu'après avoir assuré la défense de la ville et du camp retranché par tous les moyens en son pouvoir.

Il sait qu'il n'a pas besoin de recommander à l'admirable population parisienne le calme, la résolution et le sang-froid. Elle montre tous les jours qu'elle est à la hauteur des plus grands devoirs.

Français,

Soyons tous dignes de ces tragiques circonstances. Nous obtiendrons la victoire finale. Nous l'obtiendrons par la volonté inlassable, par l'endurance et par la ténacité.

Une nation qui ne veut pas périr et qui, pour vivre, ne recule ni devant la souffrance ni devant le sacrifice, est sûre de vaincre.

Le Président de la République:
Raymond POINCARÉ.

Le Président du Conseil des Ministres:
René VIVIANI.

Aristide BRIAND, ministre de la Justice; L. MALVY, ministre de l'Intérieur; RIBOT, ministre des Finances; MILLERAND, ministre de la Guerre; AUGAGNEUR, ministre de la Marine; A. SARRAUT, ministre de l'Instruction publique; Marcel SEMBAT, ministre des Travaux publics; THOMSON, ministre du Commerce; Fernand DAVID, ministre de l'Agriculture; Gaston DOUMERGUE, ministre des Colonies; BIENVENU-MARTIN, ministre du Travail et de la Prévoyance sociale; Jules GUESDE, ministre sans portefeuille.

Armée de Paris

Aucun contact ne s'est produit depuis hier avec l'ennemi, signalé dans la région Compiègne-Senlis.

Les précautions étaient d'ailleurs prises pour enrayer tout mouvement offensif de l'ennemi.

Les mesures prévues pour assurer la chasse aux avions allemands, et notamment des croisières d'avions français fortement armés, ont empêché les avions allemands de survoler à nouveau Paris.

Armée du Nord-Est

La situation respective de l'ensemble des forces reste la même qu'hier.

---

4 SEPTEMBRE 1914

Prise de Lemberg (Autriche) par l'armée russe
Bombardement et résistance de Maubeuge

Nouvelles diverses publiées par les journaux

Il n'est signalé aucun fait d'armes intéressant sur tout notre front; les Allemands qui ont été refoulés avec de grosses pertes dans la région de Compiègne attendent sans doute de nouveaux renforts avant de reprendre leur offensive sur Paris.

M. Laurent a été nommé préfet de police de Paris, en remplacement de M. Hennion, dont l'état de santé laissait à désirer.

Il se confirme que l'armée russe se serait emparée de

Lemberg; que les Autrichiens auraient subi des pertes énormes; que 150.000 Autrichiens seraient tués ou blessés.

Les journaux italiens annoncent que le consul d'Allemagne à Tripoli aurait été arrêté et serait accusé d'avoir favorisé les excitations anti-italiennes parmi les indigènes de Tripoli.

Il résulte d'informations parvenues de Londres et de Belgrade que l'Autriche aurait retiré ses troupes d'Alsace pour les envoyer à la frontière italienne; que de grosses forces sont concentrées autour de Trente et que les communications sont interdites de Goritz à Trieste.

Une déclaration de guerre de la Turquie paraît imminente; les troupes turques se concentrent à Scutari et à Tchataldja. De son côté, l'escadre grecque est partie dans la direction des Dardanelles.

Hier, de nouveaux avions ont survolé Paris, l'un d'eux a été abattu à coups de mitrailleuse par un des avions de l'escadrille blindée, il serait tombé au nord de Champigny.

Un document officiel

Le général Sixtus von Arnim a fait placarder la proclamation suivante sur les murs de la capitale belge, avant l'occupation de Bruxelles:

« Les troupes allemandes traverseront Bruxelles aujourd'hui et les jours suivants: elles sont obligées par les circonstances de demander à la ville le logement, la nourriture et les vivres.

« Toutes ces questions seront réglées régulièrement par l'intermédiaire des autorités municipales.

« Je compte que la population se conformera sans résistance à ces nécessités de la guerre et en particulier qu'elle ne commettra aucun acte d'agression contre la sécurité des troupes et fournira les provisions demandées.

« Dans ce cas, je donne toutes garanties pour la protection de la ville et la sécurité de ses habitants.

« Si cependant il se produisait, comme cela a été malheureusement le cas autre part, des actes d'agression contre les soldats, des incendies de bâtiments ou des explosions quelconques, je serais contraint d'adopter les mesures les plus sévères.

« Le général commandant le corps d'armée,
« Sixtus von Arnim. »

Dépêches officielles

Armée de Paris

Les mouvements des armées opposées se sont poursuivis sans qu'il y ait eu encore contact.

Armée du Nord-Est

Dans la région de Verdun, les forces allemandes ont subi certains échecs.

En Lorraine et dans les Vosges

Nos troupes ont remporté de nouveaux succès partiels. Situation générale peu sensiblement modifiée.

Du côté russe

En Galicie, la nouvelle de la prise de la forteresse de Lemberg par l'armée russe est officielle.

5 SEPTEMBRE 1914

Signature de la Convention franco-anglo-russe relative à la conclusion en commun de la paix

Nouvelles diverses publiées par les journaux

Les Allemands paraissent avoir momentanément renoncé à leur marche directe sur Paris. Ils ont complètement envahi le département de l'Aisne et descendent dans la Marne et à l'ouest de l'Argonne, dépassant Reims et la Ferté-sous-Jouarre; leur but était d'envelopper l'armée française qui s'est opposée à ce mouvement.

On annonce que les Allemands s'acharnent après Maubeuge mais que malgré un bombardement violent, la forteresse résiste toujours.

En Prusse Occidentale, une forte troupe de cavalerie cosaque s'est avancée jusque sur les rives de l'Oder, coupant les voies ferrées, détruisant les gares et faisant sauter les ouvrages d'art, notamment à Koenigsberg, près de l'Oder, Lansberg, etc. Il paraîtrait également que, le 28 août, près de Lastchoff, les Russes ont battu une division autrichienne, prenant 20 canons, 4.000 prisonniers, dont deux généraux et le drapeau du 65° régiment.

Un croiseur anglais a capturé, à hauteur de Vigo, un vapeur côtier et a coulé un transatlantique qui essayait de s'enfuir. Capturé également le *Kronprinz-Wilhelm*, beau transatlantique allemand qui, armé en course, était un danger pour les navires de commerce anglais, français et russes.

Les Monténégrins ont remporté une victoire importante sur les Autrichiens, à Bilek (Herzégovine).

L'insolence germanique

Du *Journal de Chambéry:*

« Parmi les blessés arrivés ici se trouvent quelques Allemands. Ils n'ont rien perdu de leur morgue et on raconte que l'un d'eux, officier, a reçu avec hauteur l'infirmier qui lui portait une tasse de café au lait: « Je prends, dit-il, d'un
« ton arrogant, mon café d'abord, et le lait ensuite; je ne
« prends pas de café au lait. »

« Un autre fait de l'insolence germanique est le suivant:
« Un vigneron d'Artuech (Gard), vendait chaque année sa vendange à une firme allemande. Il lui écrivit, il y a quelque temps, pour lui demander si, comme d'habitude, il devait lui réserver sa récolte. On lui répondit insolemment:
« Vous n'avez pas besoin de vous inquiéter, quand le
« moment sera venu, nous irons vendanger nous-mêmes! »

Dépêches officielles

Situation générale

1° A notre aile gauche, l'ennemi paraît négliger Paris pour poursuivre sa tentative de mouvement débordant.

Il a atteint la Ferté-sous-Jouarre, dépassé Reims et descend le long et à l'ouest de l'Argonne.

Cette manœuvre n'a pas plus atteint son but aujourd'hui que les jours précédents.

2° A notre droite (Lorraine et Vosges), on se bat toujours pied à pied avec des alternatives diverses.

3° Maubeuge, violemment bombardé, résiste avec vigueur.

Communiqué du Gouvernement militaire de Paris

Les mouvements des armées opposées se sont poursuivis aujourd'hui sans qu'une seule tentative n'ait été faite par l'ennemi contre nos positions.

Les avions allemands se sont abstenus, comme hier, de survoler la capitale.

6 SEPTEMBRE 1914

Violents combats à Montmirail et à La Fère-Champenoise, échec des Allemands
Evacuation de Lille par les Allemands

Nouvelles diverses publiées par les journaux

Après les grands combats livrés en France, dans le département de l'Aisne, vers Guise et Vervins, et ceux livrés dans la Galicie par les troupes russes, les armées de part et d'autre semblent se recueillir avant de recommencer une nouvelle lutte. Les journaux, du moins, ne nous annoncent aucun événement extraordinaire.

En France, en examinant la situation respective des belligérants, on pourrait croire que quatre armées allemandes sont en mouvement. Une partant de Beauvais (Oise), avec pour objectif l'ouest de Paris; une seconde se dirigeant sur Paris par Compiègne, Creil, etc.; une troisième et une quatrième vers le Sud-Est, par La Ferté-sous-Jouarre et Reims. De leur côté, les Français semblent vouloir résister devant Paris et empêcher son investissement complet en opposant aux deux armées allemandes de l'Est des forces considérables concentrées à cet effet à l'est de Paris.

Les Russes organisent les territoires conquis et préparent un gros effort sur Berlin. Ils auraient, paraît-il, envoyé des troupes en France; on ignore encore la voie qu'elles ont suivie, leur nombre et leur nature. A quand l'arrivée de la division des Indes anglaises? Cela ne saurait tarder.

Au cours des derniers combats entre Russes et Allemands, vers Dostrova, les Russes auraient subi un échec partiel et trois généraux russes auraient été tués, dont le général

Samsonof, qui, au moment de la déclaration de guerre, commandait les troupes du Turkestan.

Le témoignage d'un Américain sur la préméditation allemande

A bord du *Royal-Georges*, le 15 août 1914.

J'ai lu dans les journaux allemands que l'Allemagne avait mobilisé parce que la Russie et la France avaient commencé. Permettez à un Américain aimant la France de vous donner à ce sujet des renseignements exacts.

Je me trouvais à Berlin deux jours avant le voyage de M. Poincaré pour la Russie. A Berlin, j'ai rencontré des officiers allemands que je connaissais très bien. L'un d'eux, un capitaine, m'a dit: « *Le petit père Poincaré va faire ses adieux à M. Nicolas de Russie.* »

Très étonné de cette remarque bouffonne, je demandai une explication. Le capitaine me répondit: « *M. Poincaré est trop Français pour nous; et comme en France la canaille triomphe et que la foule est aveugle,* Poincaré est trop honnête pour la mentalité française d'aujourd'hui. On va le mettre à la porte. S'il ne part pas, c'est nous, Allemands, qui le jetterons à la porte de Paris avant le 15 août. »

Je me contentai de rire de ces énormités et la conversation se continua sur la France.

Le capitaine me dit (et pendant qu'il parlait trois lieutenants présents gardaient le silence et approuvaient de la tête): « La France est un pays miné par l'absinthe. Les nerfs du Français sont cuits par l'alcool. Il y a plus d'estaminets et de débits de boissons en France que d'églises, d'écoles, de boulangeries et de boucheries réunies. Le nombre considérable des fous en est le résultat. Le nombre des dégénérés, en France, est deux fois plus élevé que celui des autres pays. Le respect de la loi est facultatif. Le mot Patrie n'existe plus. La morale est tuée par la République et cette décadence se montre dans les 32 différents partis de la Chambre des députés français; ce qui dépasse toutes les imaginations, même chez les sauvages, Jaurès (dit le capitaine) vous montre la mentalité française! »

J'en avais assez; je pris congé des officiers et, le lendemain, je partais pour la Hollande, le jour même où M. Poincaré partait pour Saint-Pétersbourg.

A trois heures de chemin de fer de Berlin, je vis, à une petite gare, 5 à 600 soldats allemands s'embarquant à destination d'Aix-la-Chapelle. Une heure après, sur une route, je vis de la fenêtre de mon wagon un régiment d'artillerie allant vers une autre petite gare.

Enfin, arrivé à la frontière de Hollande, je vis un régiment de uhlans, un régiment d'artillerie et près de 10.000 soldats d'infanterie allemande se dirigeant vers le sud de la Hollande, en suivant à 3 kilomètres la frontière dans la direction de la Belgique! Je demandai des explications à un agent de police allemand. Il me répondit: « Mêlez-vous de vos affaires et filez à votre meilleur train. » Mais, comme je parle très bien l'allemand, je lui dis que mes amis étaient des officiers allemands. Alors, il me déclara:

« C'est la guerre dans 10 jours. Le monde va être bouleversé en l'apprenant. Il faut que nous, Allemands, nous soyons prêts avant la déclaration, afin de réduire la France en 15 jours et nous jeter sur la Russie avant qu'elle ait le temps de se reconnaître. » A ce moment, un lieutenant passa avec 50 hommes et 2 grands wagons, je lui demandai en allemand: « Est-ce vrai ce que je viens d'apprendre?

« Qui vous a dit cela? me cria-t-il, furieux. Quel est le lâche qui vous a donné ce secret d'Etat? »

Enfin, il se calma et me dit: « Si vous aimez l'Allemagne, mourez avec ce secret. Dans dix jours, vous verrez des choses terribles, si Dieu vous donne vie. »

Arrivé en Hollande, je vis des miliciens à la frontière. Ils étaient terrifiés et se demandaient ce que voulaient dire ces mouvements de troupes, la nuit et en secret, le long de la frontière. En Angleterre, je lus dans la *Morning Post* la lettre cauteleuse de Guillaume à Nicolas prétendant que la France et la Russie mobilisaient pour provoquer l'Allemagne, alors qu'elle, l'Allemagne, mobilisait depuis dix jours. C'est à ce moment que 24 heures après mon arrivée à Londres, le coup de tonnerre éclata, la guerre!

L'Allemagne avait été découverte dans son infamie; la France et la Russie ne voulaient pas être sa proie et elles *commençaient* à mobiliser alors seulement, tandis que depuis dix jours l'Allemagne avait commencé sa mobilisation, tout en déclarant qu'elle ne voulait pas la guerre.

Heureusement, la France était prête à supporter le choc, malgré l'avance que l'Allemagne devait à sa fourberie.

Voilà, Monsieur, ce que j'ai voulu vous raconter. C'est ce que j'ai vu, lors de mon passage en Allemagne, *dix jours avant la déclaration de guerre*, et c'est ce qui prouve que Guillaume mentait au tsar Nicolas, à la France et au monde.

Je dois ajouter que l'année dernière j'étais à Francfort dans un hôtel où il y avait deux lieutenants prenant leur pension. Ils m'ont dit: « L'Allemagne fera la guerre à la France au bon moment pour, d'abord, lui prendre *toutes* ses colonies, même l'Algérie, et ensuite *toute la Champagne et la Bourgogne.* »

Par conséquent, quand l'Allemagne déclarait à l'Angleterre qu'elle n'avait pas l'intention de toucher au territoire de la France, mais seulement à ses colonies, elle mentait.

Vivent la France et l'Angleterre! Vive l'Amérique!

Will. Ed. Tjollrey.

Le recensement de la classe 1915

Le Ministre de la Guerre et le Ministre de l'Intérieur ont adressé au Président de la République le rapport suivant relatif à l'appel de la classe 1914 et au recensement de la classe 1915:

« Monsieur le Président,

« La classe 1914 doit être appelée à l'activité dans les premiers jours du mois prochain. Les hommes de cette classe seront instruits dans les dépôts et pourront être vraisemblablement mobilisés au bout de quelques mois d'instruction.

« Il y aurait le plus grand intérêt à remplacer dans les dépôts, à leur départ pour les armées, les hommes de cette classe par le contingent de 1915. A leur tour, les jeunes gens de cette dernière classe recevraient une instruction militaire leur permettant d'entrer en campagne dans un délai aussi restreint que possible.

« L'article 33 de la loi du 21 mars 1905 permet au ministre de la guerre d'appeler par anticipation, en temps de guerre, la classe qui ne serait normalement appelée que le 1er octobre suivant.

« Toutefois, l'article 10 de la même loi, modifié par l'article 6 de la loi du 7 août 1913, fixe l'époque du recensement de chaque classe au mois de janvier de l'année au cours de laquelle les intéressés ont vingt ans. L'application de cette disposition conduirait, en tenant compte des délais nécessaires aux opérations de la classe 1915 jusqu'au printemps prochain.

« Dans les circonstances présentes et devant l'impérieuse nécessité de remplir constamment les dépôts au fur et à mesure qu'ils alimenteront nos armées de campagne, il semble opportun de remédier sans délai à l'impossibilité d'une nouvelle intervention législative.

« Nous estimons qu'en l'absence des Chambres, le recensement immédiat de la classe 1915 peut être ordonné par voie de décret.

« D'autre part, il conviendrait d'abréger le plus possible la durée des opérations du recensement et de la revision de cette classe en simplifiant ou en supprimant des formalités qui, en temps normal ont une incontestable utilité, mais qui, dans la situation actuelle, doivent passer au second plan.

« Dans cet ordre d'idées, il paraît utile d'adopter pour le recensement de la classe 1915 les dispositions édictées par l'article 7 de la loi du 7 août 1913 pour le recensement de la classe 1913 et de supprimer exceptionnellement l'intervention des Commissions médicales militaires et des Commissions spéciales de réforme dans les opérations de la revision. Au surplus, il serait probablement impossible de trouver le personnel médical nécessaire au fonctionnement de ces Commissions.

« Si vous partagez notre manière de voir, nous avons l'honneur de vous prier de revêtir de votre signature le décret ci-joint. »

A la suite de ce rapport, le *Journal officiel* publie le décret présidentiel aux termes duquel les tableaux de recensement de la classe 1915 seront dressés sans délai. Ils seront publiés et affichés dans chaque commune suivant les formes prescrites, de telle manière que l'unique publication qui en sera faite ait lieu au plus tard le troisième dimanche qui suivra l'insertion du présent décret au *Journal officiel*.

Le délai d'un mois prévu à l'article 10 de la loi du 21 mars 1905, modifié par l'article 6 de la loi du 7 août 1913, est, par exception, réduit à dix jours.

Les conseils de revision auront la composition, réduite à quatre membres, prévue au douzième alinéa de l'article 16 de la loi du 21 mars 1905.

Par dérogation aux dispositions des articles 9 et 10 de la loi du 7 août 1913, il ne sera pas constitué de Commissions de réforme ni de Commissions médicales militaires pour la revision de la classe 1915.

Dépêches officielles

Victoire française

Les troupes de la défense avancée de Paris ont eu, hier, le contact avec des forces adverses paraissant couvrir, sur l'Ourcq, vers le Sud-Est, le mouvement du gros de l'aile droite allemande.

Le petit engagement qui en est résulté a tourné à notre avantage.

Accord anglo-franco-russe

La déclaration suivante a été signée, ce matin à Londres, au Foreign Office:

« Les soussignés, dûment autorisés par leurs gouvernements respectifs, font la déclaration suivante:

« Les gouvernements de Grande-Bretagne, de France et « de Russie s'engagent mutuellement à ne pas conclure de « paix séparée au cours de la présente guerre.

« Les trois gouvernements conviennent que lorsqu'il y « aura lieu de discuter les termes de la paix, aucune des « puissances alliées ne pourra poser des conditions de paix « sans accord préalable avec chacune des autres alliées. »

« Ont signé:

« Sir Edward Grey, ministre des Affaires étrangères; Paul Cambon, ambassadeur de France à Londres, et l'ambassadeur de Russie à Londres, le comte de Benkendorff. »

Situation générale

A notre aile gauche, nos armées ont repris contact, dans de bonnes conditions, avec l'aile droite ennemie sur les rives du Grand-Morin.

Sur notre centre et à droite (Lorraine et Vosges), on continue à se battre. Aucun changement signalé.

A Paris, l'engagement qui s'est produit hier entre des éléments de la défense avancée et la flanc-garde de l'armée d'aile droite allemande, a pris aujourd'hui plus d'ampleur. Nous nous sommes avancés jusqu'à l'Ourcq sans rencontrer une grande résistance.

La situation des armées alliées paraît bonne dans son ensemble.

Maubeuge continue à résister héroïquement.

Le 4ᵉ fascicule paraîtra incessamment.

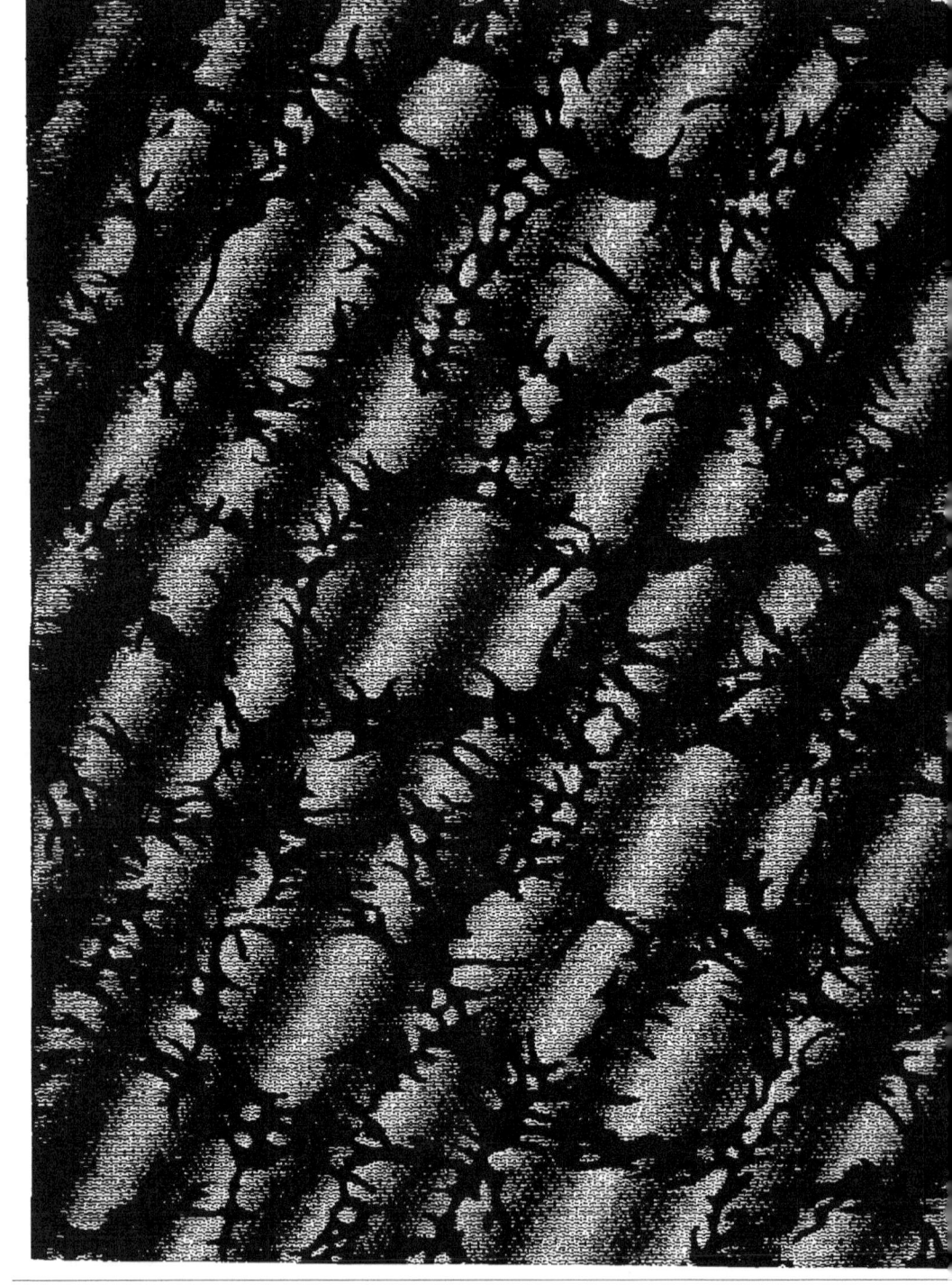

www.ingramcontent.com/pod-product-compliance
Lightning Source LLC
LaVergne TN
LVHW051508090426
835512LV00010B/2408